NOTE

Relative à l'application de la Loi sur le Timbre en ce qui concerne la comptabilité des Fabriques.

NOTE

Relative à l'application des lois sur le timbre en ce qui concerne la comptabilité des Fabriques.

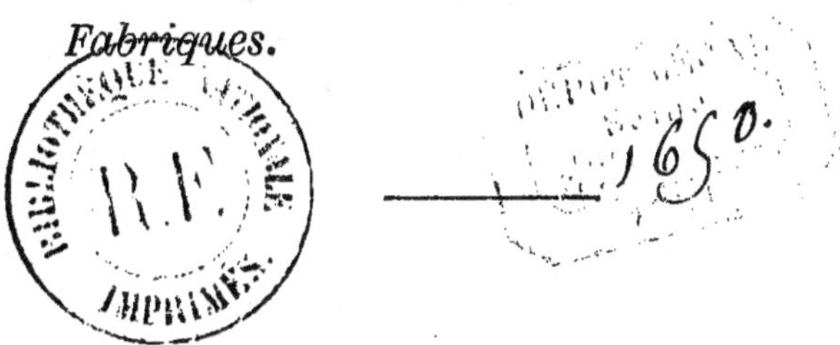

Le retrait de la tolérance partielle dont avaient joui jusqu'ici les fabriques, et l'obligation qui leur est imposée d'observer les dispositions relatives au timbre, qui s'appliquent à la comptabilité des établissements publics, a soulevé diverses questions de détail que la présente note a pour objet de résoudre. Les principes généraux sont d'abord rappelés. L'application en est faite ensuite aux comptes des trésoriers. Cette note se termine par une nomenclature indiquant, pour les espèces les plus ordinaires et dans l'ordre du budget, les pièces à produire à l'appui des recettes et des dépenses, ainsi que les cas où ces pièces doivent être timbrées ou non.

I.
PRINCIPES GÉNÉRAUX.

—

1.
Actes soumis au timbre de dimension.

Timbre de Dimension. — Sont assujettis au timbre de dimension : les registres des receveurs des droits et des revenus des communes et des établissements publics, sauf les cas d'exemption prévus par la loi (voir les n°⁵ 5 et 19 ci-après); le double des comptes de recette ou de gestion particulière, et généralement tous actes et écritures, extraits, copies ou expéditions, soit publics soit privés, devant ou pouvant faire titre ou être produits pour obligation, *décharge, justification, demande ou défense.* (Loi du 13 brumaire an VII, art. 12.)

2.
Prix du timbre de dimension.

Le prix du timbre de dimension, y compris le double décime, est ainsi fixé :

Demi-feuille de petit papier. .	0 fr.	60 c.
Double feuille	1	20
Feuille de moyen papier. . . .	1	80
Feuille de grand papier. . . .	2	40
Feuille de grand registre. . .	3	60 ·

3.
A la charge de qui est le timbre de dimension ?

Aux termes de l'article 29 de la loi du 13 brumaire an VII, le timbre des quittances fournies à la République ou délivrées en son nom est à la charge des particuliers qui les donnent ou qui les reçoivent ; il en est de même pour tous les autres actes entre la République et les citoyens.

Le même privilège n'existe pas pour les établissements publics. Ceux-ci retombent donc sous les dispositions générales de l'art. 1248 du Code civil, qui met les frais du paiement à la charge des débiteurs. Toutefois, des conventions particulières peuvent faire exception à cette règle, et, dans l'usage, les frais de timbre et d'enregistrement sont mis à la charge des fournisseurs, entrepreneurs ou autres personnes qui traitent avec les communes et établissements publics.

4.
Registres des établissements publics pour ordre et administration, exempts de timbre.

Les registrés des établissements publics, pour ordre et administration générale, sont exempts du timbre (même loi, art. 16, § 2).

Il n'y a d'exception que pour les registres sur lesquels seraient portés des actes constatant des marchés, ou des contrats translatifs de propriété ou de jouissance de biens meubles et immeubles (instruction de l'enregistrement, 1210, § 14).

5.
Exemption générale pour les registres des Fabriques.

Les registres des fabriques seront sur papier non timbré (décret du 30 décembre 1809, art. 81), sauf, bien entendu, l'exception qui précède.

6.
Doubles du compte, autres que celui du comptable, états, expéditions et certificats produits pour l'ordre de la comptabilité, exempts du timbre.

Sont également exceptés du droit et de la formalité du timbre, les doubles, autres que celui du comptable, de chaque compte de recette ou de gestion particulière ou privée (1); les états, expéditions et certificats produits par les receveurs des communes et établissements publics pour l'ordre de la comptabilité. (Loi du 13 brumaire an VII, art. 16, § 1er, 4° alinéa; instructions nos 1447, etc).

7.
Droit de vérification sur place des préposés du timbre et de l'enregistrement.

Les préposés du timbre et de l'enregistrement sont autorisés à examiner, sans les déplacer, les registres des communes, des fabriques et autres établissements publics, pour s'assurer de l'exécution de la loi sur le timbre et l'enregistrement (décret du 4 messidor an XIII).

Les sociétés, compagnies, assurances, entrepreneurs de transports et *tous autres assujettis aux vérifications des agents de l'enregistrement par les lois en vigueur*, sont tenus de représenter auxdits agents leurs livres, registres, titres, pièces de recette, de dépense, de comptabilité, afin qu'ils s'assurent de l'exécution des lois sur le timbre et sur l'enregistrement.

Tout refus de communication sera constaté par procès-verbal, et puni d'une amende de cent à mille francs. (Loi du 23 août 1871, art. 22, et loi du 21 juin 1875, art. 7).

8.
Quittances qui doivent être timbrées 25 c. (*Voir ci-après pour les quittances des trésoriers de Fabrique, le no 26*).

TIMBRE-QUITTANCE A 0.25 C.—Le timbre des quittances de produits et revenus de toute nature délivrés par les comptables de deniers publics avait été réduit à 20 c. par l'article 4 de la loi du 8 juillet 1865; il a été relevé depuis à 25 centimes par l'article 2 de la loi du 23 août 1871. La délivrance de ces quittances est obligatoire.

9.
Ce timbre est à la charge de la partie versante.

Le prix du timbre, lorsqu'il est exigible, s'ajoute de plein droit au montant de la somme due, et est soumis au même mode de recouvrement.

---

(1) Voir le no 20 *en note*.

10.
Exemption pour les sommes de 10 fr. et au-dessous.

Sont exceptées du droit de timbre à 25 centimes les quittances de 10 fr. et au-dessous, quand il ne s'agit pas d'un acompte ou d'une quittance finale sur plus forte somme.

11.
Quittance collective délivrée à un même redevable pour plusieurs créances distinctes. — Exigibilité d'un seul droit de timbre à 25 c.

Aux termes de l'article 23 de la loi du 13 brumaire an VII, il peut être donné plusieurs quittances sur une même feuille de papier timbré pour acompte d'une seule et même créance ou d'un seul terme de fermage ou de loyer. D'après la circulaire du directeur général de la comptabilité publique, en date du 26 juin 1866, § V, cette disposition, en ce qui concerne le timbre de 25 centimes, doit être entendue dans son sens le plus large, c'est-à-dire que les diverses sommes partielles versées par le même débiteur, même à divers titres, peuvent être réunies sur une même quittance, comme faisant partie d'un versement total.

12.
Quittances qui doivent être timbrées à 10 c.

Timbre-Quittance a 0.10 c. — Sont soumis au timbre de 10 centimes : 1° les quittances ou acquits donnés au pied des factures et mémoires, les quittances pures et simples, reçus ou décharges de sommes, titres, valeurs ou objets, et généralement tous les titres de quelque nature qu'ils soient, signés ou non signés, qui emporteraient libération, reçu ou décharge ; 2° les chèques, tels qu'ils sont définis par la loi du 14 juin 1865 (1).

Toute contravention sera punie d'une amende de 50 fr. L'amende sera due *pour chaque acte*, écrit, quittance, reçu ou décharge pour lequel le droit de timbre n'aurait pas été acquitté.

---

(1) Il n'est question ici que des *chèques sur place*, c'est-à-dire de ceux qui sont le plus habituellement employés pour retrait ou disposition de fonds placés dans une maison de banque ou Société de crédit de la même ville. Les *chèques de place en place ou tirés hors de France* sont soumis à une législation différente.

La date du jour où le chèque est tiré doit être inscrite en toutes lettres de la main de celui qui a écrit le chèque (Loi du 19 février 1874).

13.
Timbre mobile.

Le droit est dû pour chaque acte, reçu, décharge ou quittance ; il peut être acquitté par l'apposition d'un timbre mobile, à l'exception toutefois du droit sur les chèques, lesquels ne peuvent être remis à celui qui doit en faire usage, sans qu'ils aient été préalablement revêtus de l'empreinte du timbre à l'extraordinaire (1).

14.
Reçus timbrés au préalable. — Remise de 2 %.

Une remise de 2 0/0 sur le timbre est accordée, à titre de déchet, à ceux qui feront timbrer préalablement leurs formules de quittances, reçus ou décharges.

15.
Exception pour les sommes de 10 fr. et au-dessous.

Sont exceptées du droit de timbre de 10 c., les quittances de 10 fr. et au-dessous, quand il ne s'agit pas d'un acompte ou d'une quittance finale sur une plus forte somme.

16.
Timbre à la charge du débiteur.

Le droit de timbre est à la charge du débiteur.

17.
Apposition et oblitération des timbres mobiles.

Le timbre mobile de 10 centimes est apposé sur les quittances ou acquits, etc. Ce timbre est collé et immédiatement oblitéré par l'apposition à l'encre noire, en travers du timbre, de la signature du créancier ou de celui qui donne reçu ou décharge, ainsi que de la date de l'oblitération. Cette signature peut être remplacée par une griffe, apposée à l'encre grasse, faisant connaître la résidence, le nom ou la raison sociale du créancier, et la date de l'oblitération du timbre. (Loi du 23 août 1871, art. 18 à 23, et décret du 27 novembre 1871, art. 2.)

Les ordonnances, taxes, exécutoires, et généralement tous mandats payables sur les caisses publiques, les bordereaux, quittances, reçus ou autres pièces, *peuvent être revêtus du timbre à 10 c. par les agents chargés du paiement.* Le timbre est oblitéré au moyen d'une griffe par ces agents, qui demeurent responsables des contraventions commises à raison des pièces acquittées à leur caisse.

Les sociétés et compagnies, assureurs, entrepreneurs de transports, et *tous autres assujettis aux vérifications des agents de l'enregistrement par l'article 22 de la loi du*

---

(1) Voir le n° 12, *en note.*

23 *août* 1871 *et par les lois antérieures,* peuvent également, sous leur responsabilité, user de la même faculté en ce qui concerne les actions, etc., ainsi que toutes autres pièces de dépense, états de solde ou d'émargement (même décret, art. 3).

Les formules d'états de solde ou de payement, dits états d'émargement *(non sujets au timbre de dimension),* et les autres documents pour lesquels il est dû un droit de timbre (de quittance) pour chaque paiement excédant 10 fr. peuvent être *timbrés à l'extraordinaire,* mais autant seulement que le droit à percevoir, par chaque page, correspondra à l'une des quotités de timbres de dimension en usage (id. art. 5. Voir le n° 2.)

REGISTRES DE COMPTABILITÉ. — Le décret du 30 novembre 1809, art. 81, portant que les registres des fabriques seront sur papier non timbré, établit en leur faveur un des cas d'exception prévus par l'article 12 de la loi du 13 brumaire an VII (voir le n° 1); par suite, les registres ou livres de comptabilité, y compris le livre-journal (1), doivent être sur papier libre.

COMPTES. — L'article 89 du décret du 30 décembre 1809 porte que le compte annuel sera en double copie, dont l'une sera déposée dans la caisse ou armoire à trois clefs, l'autre à la mairie. Ni l'une ni l'autre de ces deux copies ne doit être sur papier timbré. L'article 16 de la loi du 13 brumaire an VII, dont les dispositions sont ci-dessus rappelées (n° 6), excepte, en effet, du droit et de la formalité du timbre les doubles, autres que celui du comptable, de chaque compte de recette ou gestion par-

---

(1) Exception à la règle, d'après laquelle, en ce qui concerne les receveurs spéciaux des communes et des établissements publics, les feuilles du livre-journal doivent être timbrées (Timbre à la charge des communes et établissements).

ticulière (1). Mais la minute qui serait conservée par le trésorier, pour être au besoin produite par lui et faire, en conséquence, titre pour sa décharge, devrait être sur papier timbré (2). Il ne semble pas, toutefois, qu'il y ait intérêt pour les trésoriers à conserver une minute, leurs comptes ne devant être produits qu'au Conseil même dont ils font partie, et leur décharge définitive résultant de la délibération qui approuve ces comptes.

21.
Les états de recettes et de dépenses doivent être sur papier libre.

PIÈCES DE COMPTABILITÉ. — Les actes pouvant faire titre étant seuls soumis au timbre de dimension, et les états, expéditions et certificats produits pour l'ordre de la comptabilité en étant exempts, tous les états ou relevés produits à l'appui de la recette ou de la dépense doivent être établis sur papier libre. Dans ce cas sont notamment, pour la recette, le tableau des rentes, les états des sommes à verser au trésorier pour le produit des fondations, de la perception des chaises, des services et convois, des mariages, pour la remise des pompes funèbres etc., et, pour la dépense, les états d'émargement, les bordereaux pour dépenses de sacristie, les états des fondations, etc.

22.
Mémoires ou factures assujettis, sans exception, au timbre de dimension.

MÉMOIRES ET FACTURES. — Dans la comptabilité des communes et établissements publics dont les receveurs sont justiciables de la Cour des comptes, ou des conseils de préfecture, les mandats pour le paiement du prix des fournitures et travaux doivent être, en principe, appuyés de factures ou mémoires de fournisseurs et entrepreneurs. Ces factures ou mémoires doivent mentionner la nature, la quantité et le prix par unité et en somme, ainsi que la date de la livrai-

---

(1) Les comptables des communes et établissements publics ne sont pas compris dans la catégorie des comptables publics dont les comptes son exemptés du timbre par l'article 16 de la loi du 13 brumaire an VII. Leur gestion est considérée comme d'intérêt privé.

(2) Le prix du timbre serait, bien entendu, à la charge de la Fabrique.

son des marchandises, objets fournis, matières employées, etc., et de l'exécution des travaux.

Les mémoires et factures sont assujettis au timbre de dimension, comme devant ou pouvant faire titre, et *doivent toujours être timbrés,* quel qu'en soit le montant. Seulement, *pour les dépenses non excédant* 10 *fr., on peut se dispenser d'en produire, à la condition expresse* que le détail des travaux ou fournitures soit inscrit dans le corps du mandat.

23.
Les quittances données au bas des factures ou mémoires doivent, en outre, être timbrées à 10 c.

Lorsque les factures ou mémoires sont quittancés par les parties prenantes, ils doivent être revêtus, indépendamment du timbre de dimension, du timbre-quittance à 10 centimes. L'acquit doit être, en outre, donné pour ordre au bas du mandat de paiement.

24.
Mémoires et fournitures dressés au dos des mandats qui, dans ce cas, doivent être timbrés.

Les mémoires de travaux et fournitures, dont le montant excède 10 fr., peuvent être dressés au dos du mandat, mais alors celui-ci doit être sur papier timbré.

25.
Cas et conditions dans lesquels des mémoires et factures doivent être produits à l'appui des comptes des trésoriers de fabrique.

Tel est l'ensemble des principales dispositions qui concernent les mémoires et factures à produire par les receveurs des communes et établissements publics, *et qui doivent être suivies, même dans la comptabilité des trésoriers de fabrique, toutes les fois qu'il y a lieu d'en produire.*

Mais, même dans ce dernier cas, il est possible de réduire les frais de timbre, en diminuant le nombre et l'étendue des mémoires, en se les faisant remettre, par exemple, trimestriellement ou même annuellement, et en faisant grouper les articles semblables de la manière suivante : « Du..... au....., fourni tant à tant ».

Il y a d'ailleurs lieu de remarquer qu'en ce qui concerne les factures et mémoires, le nombre de lignes que peut contenir la même feuille de papier timbré n'est pas limité (1), et qu'en outre, ainsi qu'il est dit plus haut

---

(1) L'empreinte du timbre ne peut être couverte d'écriture ni altérée (Loi

(n° 3), il est d'usage de faire supporter le timbre par les fournisseurs et entrepreneurs.

D'autre part, la comptabilité des trésoriers n'est pas soumise à la vérification de la Cour des comptes ou des conseils de préfecture. Le Conseil de fabrique est seul juge de la validité des pièces justificatives. Quant aux préposés du timbre et de l'enregistrement, ils n'ont d'autre mission que de rechercher, au vu et d'après la nature des pièces produites, si les prescriptions légales relatives au timbre et à l'enregistrement ont été régulièrement observées. Les trésoriers des fabriques peuvent donc se dispenser de joindre à leurs comptes, à l'appui des mandats qui doivent être signés par le président (décret du 30 décembre 1809, art. 28), des factures ou mémoires et se contenter, dans tous les cas où cela est possible, de justifier leurs dépenses par de simples quittances données, soit au pied des mandats, soit séparément sur papier libre et revêtues au moment du paiement, du timbre à 10 centimes. C'est la marche à suivre notamment pour toutes les dépenses qui ont le caractère d'abonnements.

Une quittance, même motivée, c'est-à-dire, contenant, sans détail, la cause du payement ne pourrait être considérée comme une facture quittancée, soumise à la fois au timbre de dimension et au timbre de 10 cent. Il faudrait, pour qu'il en fût ainsi, que la quittance comprît les éléments d'un mémoire ou l'énumération distincte des articles de la dépense.

Mais il est bien entendu que, du moment où il est produit des mémoires ou factures, ces pièces tombent sous l'application des lois du timbre et des règles ci-dessus indiquées (1).

---

du 13 brumaire an VII, art. 21) sous peine d'une amende de 5 francs. Cette disposition s'applique aussi bien au timbre sec qu'au timbre noir (Arrêt de cassation 4 juillet 1814) ; mais le revers des empreintes peut être couvert d'écriture, sans qu'il y ait contravention (décision min. finances 16 juin 1807).

(1) La même solution s'applique à divers actes qui doivent être produits par les comptables de deniers publics, tels que procès-verbaux d'adjudication, marché de gré à gré, etc,

26.
Quittances délivrées par les trésoriers. Sont timbrées à 10 c.

QUITTANCES. — Le bénéfice de la loi du 8 juillet 1865, qui avait réduit à 20 c. (actuellement 25 c.) le timbre des quittances à délivrer par les comptables de deniers publics et rendu obligatoire la délivrance de ces quittances, jusque-là facultatives et délivrées, si les débiteurs les réclamaient, sur papier timbré à 50 c. (timbre de dimension), n'a pas été étendu aux trésoriers de fabrique, mais appliqué seulement aux receveurs des communes et établissements de bienfaisance qui avaient des registres de quittances à souche timbrées. Les quittances des trésoriers de fabrique sont donc restées soumises au droit commun, et ne sont aujourd'hui passibles que du timbre-quittance à 10 c., pour les sommes supérieures à 10 fr. ou formant le complément de sommes supérieures à 10 fr.

Le timbre des quittances délivrées par les trésoriers est à la charge des débiteurs ou parties versantes.

27.
Quittances délivrées aux trésoriers.
1° Par des particuculiers, sont timbrées à 10 c.

Les quittances à délivrer aux trésoriers par les créanciers ordinaires des fabriques (entrepreneurs, fournisseurs, etc.) sont soumises au timbre de 10 c., pour les sommes supérieures à 10 fr. ou faisant parties de sommes supérieures à 10 fr. Elles sont données et le timbre est apposé soit au pied des factures ou mémoires, soit sur une feuille distincte. Le timbre doit être immédiatement oblitéré comme il est dit ci-dessus (n° 17). Il peut l'être par le trésorier lui-même au moyen d'une griffe (même n°). Ce timbre est à la charge du débiteur, c'est-à-dire, de l'établissement ou de la fabrique ; mais, dans l'usage, il est supporté par les entrepreneurs ou fournisseurs (Voir en outre, les dispositions générales ci-dessus, n°s 12 à 18.)

28.
2° Par des comptables de deniers publics, timbrées à 25 c.
(Ces quittances forment la justification unique à produire à l'appui du paiement des contributions, de

Les quittances à délivrer au trésorier par le caissier-payeur central, les trésoriers-payeurs généraux, receveurs des finances, percepteurs, les receveurs municipaux, receveurs des établissements de bienfaisance, des asiles d'aliénés, etc., et autres comptal'abonnement aux eaux, des dépenses de consommation du gaz, etc. Voir la nomenclature ci-après.)

29.
Quittance par duplicata, pour ordre, mouvements de fonds, non timbrées.

30.
Responsabilité.

bles énumérés en l'arrêté du ministre des finances du 28 juillet 1863, doivent être timbrées à 25 cent. pour les sommes supérieures à 10 fr. ou payées pour acompte ou pour solde sur une somme supérieure à 10 fr. (voir les dispositions générales ci-dessus, n°s 8 à 11). Ces quittances forment la justification, et la seule à produire, à l'appui des sommes payées aux percepteurs, à la Ville de Paris, etc., pour impositions, abonnements aux eaux, dépenses de l'éclairage, etc. (Voir le tableau ci-après).

Ce timbre est à la charge des fabriques.

Les quittances données par duplicata et pour ordre sur les mandats, lorsque la facture ou le mémoire est acquitté, ou concernant de simples mouvements de fonds entre agents-comptables d'une même administration sont exempts du timbre.

Les receveurs des communes et *des établissements publics* sont responsables des droits et amendes de timbre dus à raïson des quittances jointes au compte de leur gestion (Décision min. des fin. 24 mai 1819 et 16 février 1835).

Mais cette responsabilité ne peut être étendue aux cas où il s'agit de certificats, mémoires, devis, expéditions et pièces autres que des quittances ; car ces pièces sont assujetties au timbre *par le fait seul de leur rédaction*, indépendamment de toute approbation, production ou usage ultérieur, et, en cas de contraventions, la loi ne prononce des amendes que contre les signataires de ces écrits (Circulaire min. de l'intérieur, 1er juin 1876).

TABLEAU DES JUSTIFICATIONS

A produire à l'appui des Recettes et des Dépenses portées aux comptes des Trésoriers, avec l'indication des cas où elles doivent être ou non timbrées (1).

RECETTES.

A. JUSTIFICATIONS GÉNÉRALES.

États, tableaux, relevés, bordereaux, registres, copies ou extraits certifiés, délivrés pour ordre, non timbrés (Voir le n° 21 ci-dessus).

Les quittances délivrées par les trésoriers ou, pour leur compte, par MM. les Vicaires (convois et services, mariages, remise des Pompes funèbres), pour les sommes supérieures à 10 fr., doivent être timbrées à 0 fr. 10 c. (Voir ci-dessus n° 26).

Le timbre est à la charge des parties versantes.

B. JUSTIFICATIONS SPÉCIALES.

Produit des rentes sur l'État, actions, obligations, etc.	Tableau non timbré (ce tableau peut être dressé sur un des registres de la Fabrique).

---

(1) Pour éviter les répétitions, on a fait figurer sous les lettres A et C les justifications qui doivent, en général, appuyer les recettes et les dépenses. Toutes les fois, par conséquent, qu'en regard d'un article se trouve la mention : *Justifications générales*, il y a lieu, pour trouver la justification applicable, de se reporter, suivant les indications données, à la lettre A ou à la lettre C.

D'autre part, en regard de certains articles, se trouvent des recommandations générales qui, bien que ne concernant pas les pièces à joindre aux comptes, ont paru pouvoir prendre place utilement dans la présente nomenclature.

Intérêts de placements à la Caisse des Dépôts, au Crédit Foncier, dans les maisons de banque, sociétés de crédit, etc.	Décompte d'intérêts certifié et non timbré (voir, en ce qui concerne les retraits de fonds, ce qui est dit pour les chèques aux n°ˢ 12 et 13, et en note).
Produit des biens et rentes restitués, bien fonds, baux, loyers, rentes sur particuliers, fondations.	*Justifications générales ci-dessus* (A). Les actes constitutifs (baux, etc.) doivent être timbrés et enregistrés (Pour les locations verbales, déclaration à l'enregistrement). Registre des fondations, non timbré.
Produit de la location des chaises.	*Justifications générales ci-dessus* (A). Nota. — Les quittances d'abonnement délivrées par les trésoriers doivent être timbrées à 10 c., lorsqu'elles sont supérieures à 10 fr.
Produit de la concession des bancs, tribunes.	*Justifications générales ci-dessus* (A). Les titres de concession doivent être timbrés et enregistrés.
Produit des quêtes, troncs, oblations, pains bénits, etc. **Produit des droits de la Fabrique sur les services et convois.** **Produit des droits sur les mariages. Produit de la cire provenant des convois et services funèbres.**	*Justifications générales ci-dessus* (A).
Remises de l'Administration des Pompes funèbres.	Etats récapitulatifs et relevés en *duplicata* remis par l'Administration du service des Pompes funèbres, *non timbrés* (la quittance doit être timbrée à 10 c. et le timbre est à la charge des Pompes funèbres).

Recettes diverses, subventions. | *Justifications générales ci-dessus (A).*

Dons et legs.

Justifications générales ci-dessus (A).
Actes notariés timbrés et enregistrés. En cas de quittance notariée, il n'y a pas lieu de donner de reçu timbré à 10 centimes (voir en outre, ci-dessus : *Produit des fondations*).

DÉPENSES.

1° Dépenses du personnel.

Traitement du clergé et des employés. Indemnités et gratifications.

Etats émargés *non timbrés*, munis d'autant de timbres à 10 centimes qu'il y a de parties prenantes, pour les sommes au-dessus de 10 fr.; reçus séparés ou au pied des mandats individuels, *timbrés à 10 centimes.* Ce timbre est à la charge des Fabriques. (Voir le n° 27 ci-dessus et, en outre, les n°ˢ 14 et 18.)

Frais de réception et honoraires des prédicateurs.

Quittances de M. le Curé, timbrées à 10 centimes (même observation).

2° Dépenses du matériel et dépenses diverses.

C. JUSTIFICATIONS GÉNÉRALES.

Mémoires et factures timbrés, dans le cas où de simples quittances ne suffisent pas *(voir les explications données ci-dessus au n° 23, et en outre ce qui est dit plus loin pour les menues dépenses)*.

Acquits sur les mandats, ou quittances séparées, timbrés à 10 centimes *(voir également les explications ci-dessus, au n° 27)*.

D. JUSTIFICATIONS SPÉCIALES.

Dixième du produit de la location des chaises à verser à l'Archevêché.	Quittance timbrée à 10 centimes.
Pains d'autel. Vin pour le Saint sacrifice.	*Justifications générales ci-dessus* (C).
Eclairage de l'église, cire et huile.	*Justifications générales ci-dessus* (C). Pour les dépenses d'éclairage au gaz (consommation), quittances à souche du receveur municipal, timbrées à 25 c. (voir ci-dessus n° 26).
Chauffage, bois et charbons.	*Justifications générales ci-dessus* (C).
Acquit des fondations, obits, services, aumônes fondées.	Etat des fondations (*non timbré*), émargé (timbres à 10 c.); ou simplement acquitté par le vicaire trésorier (un seul timbre), avec la certification que les fondations ont été acquittées. Pour les dépenses matérielles, *Justifications générales ci-dessus* (C).

Entretien des biens appartenant à la Fabrique.

Justifications générales ci-dessus (C).

Contributions et assurances.

Quittances à souche timbrées à 25 centimes (n° 26) ; quittances des compagnies d'assurances, timbrées à 10 centimes (pour les sommes supérieures à 10 fr.).

Rentes foncières, droits de main-morte.

Quittances timbrées à 10 centimes ou à 25 centimes suivant les cas (voir les explications ci-dessus n°s 27 et 28).

Entretien du mobilier de l'église. Vases sacrés et ornements. Vêtements des clercs, enfants de chœur, suisses et bedeaux. Blanchissage et raccommodage.

Justifications générales ci-dessus (C), sauf ce qui est dit ci-après pour les menues dépenses. Marchés timbrés et enregistrés, s'il en a été passé. *Pour les dépenses d'entretien par abonnement,* quittance timbrée à 10 c. (n° 25, 4° alinéa).

Réparations locatives de l'église, de la sacristie, du presbytère.

En cas d'adjudication, procès-verbal d'adjudication *timbré ;* cahier des charges et devis estimatif ou série de prix *timbrés* et *enregistrés.* Pour les payements d'acomptes, certificat de l'architecte *timbré.* Pour les payements de solde, décompte général et procès-verbal de réception définitive *timbrés.* Pour les travaux non adjugés, marchés de gré à gré *timbrés* et *enregistrés,* s'il en a été passé ; soumissions (id.) ; mémoires réglés *timbrés.* Cette dernière justification est la seule à produire dans les cas ordinaires, et il peut même y être suppléé par de simples quittances (*Se reporter aux explications données au n° 25 et en note au même numéro*).

Frais d'administration ; papiers budgets, registres. Dépenses imprévues.

Justifications générales ci-dessus (C).

Menues dépenses; dépenses de sacristie.

Bordereau *non timbré* appuyé de factures timbrées (*timbre de dimension*) pour les sommes partielles supérieures à 10 fr. ou de simples quittances (*voir les explications données au n° 25 ci-dessus*); ou état des achats faits au jour le jour, sans factures, ledit état *revêtu du timbre de dimension* et timbré à 10 centimes s'il est acquitté.

NOTA. — Toutes les *menues dépenses* ou dépenses dites de *sacristie*, faites par le même fonctionnaire ou agent, peuvent être portées sur le même bordereau ou état, qui doit présenter une colonne pour l'indication des articles auxquels les dépenses doivent être imputées. On ne doit laisser sous le présent titre que les dépenses de peu d'importance et dont il serait impossible de faire l'application. Les factures, *s'il y en a*, sont classées aux chapitres et articles que les dépenses concernent. Sinon on doit se référer à l'état général produit à l'appui du premier article.

Dettes de la fabrique. (Intérêts, etc.)

Contrats d'emprunts timbrés et enregistrés; pour les remboursements, quittances timbrées à 10 c., ou obligations timbrées et quittancées; pour les paiements d'intérêts, quittances timbrées à 10 c., ou coupons détachés des obligations.

Achats de vases sacrés, d'ornements, etc.
Immeubles, restaurations, etc.

Mêmes justifications que pour l'entretien du mobilier, les réparations de l'église, etc., et autres articles correspondants des dépenses ordinaires.

Placements de capitaux disponibles.

Bordereaux d'agents de change *timbrés*; quittances *timbrées* à 10 centimes.

Paris.— Imp. Ch. Maréchal & J. Monterier, 16, cour des Petites-Écuries.

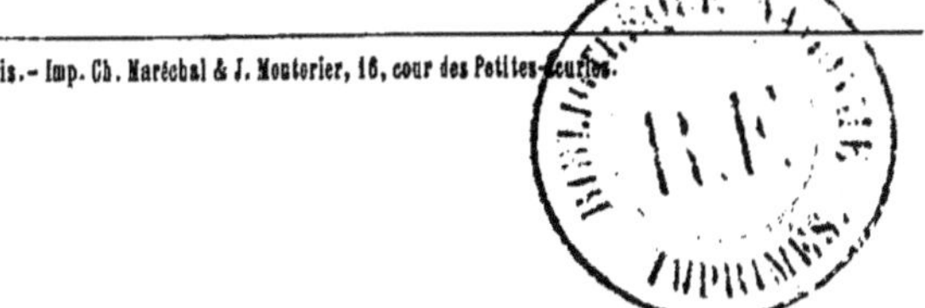